Cyrano de Bergerac

Edmond Rostand

Adaptation du texte : Vincent Leroger

hachette
FRANÇAIS LANGUE ÉTRANGÈRE

CD audio

Durée : 1 h 39

Format MP3 : Les MP3 s'écoutent sur l'ordinateur, sur les baladeurs, les autoradios, les lecteurs CD et DVD fabriqués depuis 2004.

Enregistrements : LBP Studio, Malek Duchesne

Comédien : Philippe Sollier

Piste 1	*Chapitre 1*
Piste 2	*Chapitre 2*
Piste 3	*Chapitre 3*
Piste 4	*Chapitre 4*
Piste 5	*Chapitre 5*

Adaptation du texte : Vincent Leroger

Rédaction du dossier pédagogique : Marie-Françoise Gliemann

Édition : Christine Delormeau

Maquette de couverture : Nicolas Piroux

Illustration de couverture : Nicolas Piroux
(photo © RMN – Musée d'Orsay / Hervé Lewandowski)

Maquette intérieure : Sophie Fournier-Villiot (Amarante)

Mise en pages : Atelier des 2 Ormeaux

Illustrations : Philippe Masson

Pour Hachette Éducation, le principe est d'utiliser des papiers composés de fibres naturelles, renouvelables, recyclables, fabriquées à partir de bois issus de forêts qui adoptent un système d'aménagement durable. En outre, Hachette Éducation attend de ses fournisseurs de papier qu'ils s'inscrivent dans une démarche de certification environnementale reconnue.

ISBN : 978-2-01-155745-2
© HACHETTE LIVRE 2011, 43, quai de Grenelle, 75905 Paris CEDEX 15.

SOMMAIRE

CHAPITRE 1

LE THÉÂTRE DE L'HÔTEL DE BOURGOGNE

Tout Paris est venu ce soir de printemps 1640 au théâtre de l'hôtel de Bourgogne voir jouer pour la première fois une pièce d'un poète[1] à la mode.

La salle est presque pleine. Dans les loges ou même sur la scène, les gentilshommes en beaux vêtements sont installés comme chez eux. En bas, les gens simples restent debout : les chaises sont trop chères. Des soldats sont entrés sans payer. On joue aux cartes, on bavarde en attendant que le spectacle commence. Quelques voleurs essaient de prendre de l'argent dans la poche des gens. Voici un bourgeois[2] qui a emmené son fils pour lui montrer la vie parisienne. Une jolie jeune fille passe au milieu de tout ce monde en vendant des boissons et des fruits. Arrivent maintenant « les petits marquis », jeunes gens élégants qui savent comment il faut s'habiller, qui disent à tout le monde ce qu'il faut faire et ne pas faire pour être à la mode. Ces petits marquis qui parlent très fort, pour se faire remarquer, s'assoient sur la scène. De là, ils peuvent voir toute la salle et se moquer des bourgeois. Ils ne viennent pas ici pour regarder la pièce, mais pour être vus.

— Oh, regardez, dit l'un d'eux, qui est ce beau garçon mal habillé qui vient d'entrer ?

---

1 Poète : personne qui écrit des textes en vers (poésies).
2 Bourgeois : personne qui n'est pas de la noblesse, souvent un commerçant riche qui habite la ville.

— Christian de Neuvillette, mon cher, répond un autre. Il vient de sa Gascogne pour devenir soldat du roi.

— Ah, c'est encore un cadet ! Il va sans doute entrer dans le régiment[3] de Castel-Jaloux. Tous aussi pauvres, mais tous aussi braves, prêts à sortir l'épée et à tuer la première personne qui oserait dire du mal de l'un d'entre eux !

— Sans doute. Donc, parlons de lui moins fort.

Mais le beau Christian de Neuvillette n'a pas entendu ce que disaient de lui les petits marquis. Il pense à autre chose : cela fait une semaine qu'il est à Paris, et il est déjà amoureux d'une jeune femme qu'il n'a vue qu'une fois. Il ne sait pas son nom, il ne sait pas comment lui parler. C'est pourquoi il a demandé au seul ami qu'il a dans la ville, Lignière, de l'accompagner au théâtre, car il espère que cette mystérieuse femme viendra ce soir.

Lignière est un poète connu. Mais il a un grand défaut : il aime trop le vin. Et quand il a trop bu, il écrit des chansons qui disent du mal des hommes politiques. Ainsi, hier, il a fait une chanson sur le Premier ministre, le cardinal[4] de Richelieu. Et certaines personnes savent que Richelieu a payé une centaine d'assassins qui l'attendent cette nuit pour le tuer. Lignière le sait peut-être, mais cela ne lui fait pas peur : il a déjà beaucoup trop bu.

— Regarde, lui dit Christian en montrant une loge, la voilà, la femme que j'aime ! Elle vient d'entrer. Qui est-ce ?

— Comment ? Tu ne connais pas la belle Roxane ? Ah, mon cher, tu n'as pas de chance de l'aimer comme tu l'aimes !

— Pourquoi ? elle est mariée ? elle aime quelqu'un d'autre ?

---

3 Régiment : partie de l'armée commandée par un même officier (chef).
4 Cardinal : personne très importante dans l'église catholique.

– Non, elle est libre, mais un des meilleurs amis du roi est amoureux d'elle : le comte de Guiche. C'est celui qui s'assoit à côté d'elle.

– L'homme qui est à sa droite ?

– Non, celui-là, c'est Valvert, qui est payé par le comte de Guiche pour tuer ses ennemis. Mais, je ne rêve pas, la belle Roxane t'a remarqué ! Elle te regarde même avec beaucoup d'amitié.

Christian rougit, enlève son chapeau et salue très bas la belle jeune femme.

– Attention, lui dit Lignière, le comte de Guiche aussi t'a remarqué. Il est très jaloux et il pourrait te faire tuer au coin de la rue par Valvert. Bon, maintenant, tu sais tout. Moi, je m'en vais. Le théâtre m'ennuie, et j'ai soif... Au revoir, Christian.

Christian ne l'écoute plus. Roxane ! Elle s'appelle Roxane... Elle lui sourit encore. Comment faire, comment lui parler ? Et ce comte de Guiche, croit-il faire peur à un homme comme Christian de Neuvillette ? Christian a envie de lui jeter son gant à la figure, comme font tous les gentilshommes de cette époque quand ils veulent se battre en duel[5] avec quelqu'un. Il cherche donc son gant dans sa poche... Et il trouve la main d'un petit voleur qui essayait de lui prendre sa bourse[6].

— Oh, monsieur, excusez-moi, je ne l'ai pas fait exprès. Si vous ne m'emmenez pas à la police, je vais vous dire un secret.

— Quel secret ?

— M. Lignière est bien votre ami ?

— Oui, parle !

— Cent hommes l'attendent devant chez lui pour le tuer. Le cardinal de Richelieu n'a pas aimé la dernière chanson qu'il a écrite sur lui.

Que faire ? Christian a très envie de rester pour se battre contre le comte de Guiche et parler enfin à Roxane. Mais Lignière est un ami, il faut donc courir à son secours. Et, après un dernier regard triste à Roxane, il sort du théâtre.

Pendant ce temps, un autre cadet de Gascogne, poète lui aussi, est entré dans la salle. Tout le monde connaît cet homme sérieux, sage et courageux : c'est Lebret. Il a l'air inquiet et pose la même question à tous ceux qu'il connaît :

— Tu n'as pas vu Cyrano ?

— Non, pourquoi ?

— J'ai peur qu'il fasse une grosse bêtise ce soir. Il veut empêcher Montfleury de jouer la pièce. Pourvu que Cyrano ne vienne pas.

---

5 Duel : combat entre deux gentilshommes. Le cardinal de Richelieu avait interdit les duels.

6 Bourse : sorte de porte-monnaie que l'on attachait à sa ceinture.

Le fils du bourgeois a entendu cette conversation. Il demande à son père :

— Qui est donc ce Cyrano ?

— Mon fils, Cyrano de Bergerac est un gentilhomme[7] qui fait partie des cadets de Gascogne. Il est très pauvre, mais aussi très courageux. Il n'a peur de rien ni de personne. En plus, c'est un vrai poète. Mais il a un grand défaut…

— Et lequel, mon père ?

— Il a un nez trop grand. On n'a jamais vu un nez pareil ! Mais si quelqu'un ose dire quelque chose sur ce nez, aussitôt, Cyrano sort son épée et le tue !

— Mais pourquoi veut-il empêcher Montfleury de jouer ?

— On ne sait pas. Peut-être que Cyrano pense que Montfleury est un mauvais acteur. Il le trouve trop gros pour jouer une aussi belle pièce que celle de ce soir. Mais le cardinal de Richelieu, qui viendra peut-être, et le comte de Guiche, que tu vois dans sa loge, là-haut, aiment beaucoup Montfleury. Alors, si Cyrano vient et l'empêche de jouer, il risque fort d'être tué en sortant d'ici, ou mis en prison. Et puis, Cyrano a beaucoup d'ennemis ! On dit même qu'il n'a plus qu'un seul ami, ce M. Lebret qui a peur pour lui.

Soudain, dans le théâtre, c'est le silence. En effet, Montfleury vient d'entrer sur la scène. La pièce va commencer. L'acteur, tout rond, tout rose, lève le bras et prononce les premiers vers[8] de la pièce :

Mon amour ce matin ressemble à une fleur
Qui sourit au soleil et…

— Vas-tu te taire, Montfleury ?

---

7 Gentilhomme : personne de la noblesse qui entourait le roi et possédait des terres (ou qui était chef dans l'armée).

8 Vers : chaque ligne d'un poème.

C'est une voix très forte qui a dit cela, derrière la scène.

Les spectateurs poussent un cri :

— Oh ! Cyrano est venu !

Montfleury se met à trembler de peur, mais il essaie de continuer :

Qui... qui... qui sourit au sol...

— Montfleury, gros porc, je t'avais interdit de remonter sur une scène, je crois. Et tu oses dire ces vers magnifiques ? Je vais me fâcher !

À ce moment, l'homme qui a dit cela monte sur la scène. C'est bien Cyrano de Bergerac. Il est habillé d'un grand manteau et porte un chapeau où il a accroché de longues plumes d'oiseau, son panache[9]. À sa ceinture, une épée qui touche presque par terre. Mais surtout ce qu'on remarque chez lui, c'est son nez. Le bourgeois avait raison : jamais on n'a vu un nez d'une telle longueur. Il est grand, gros... Il dépasse même le bord de son chapeau !

— Attention à ma botte, Montfleury ! dit encore Cyrano. Si tu ne t'en vas pas immédiatement, elle va partir très vite jusqu'au bas de ton dos ! Je compte jusqu'à trois.

— Non, disent les spectateurs, laissez jouer Montfleury.

— Un ! compte Cyrano.

— Montfleury, Montfleury ! crient les spectateurs.

— Deux !

— Deux, répètent les petits marquis, très contents.

— Montfleury, Montfleury !

— Trois !

Montfleury, en voyant la jambe de Cyrano se lever, s'en va en courant et en criant :

---

9 Panache : les plumes d'un chapeau. C'est aussi une manière de faire les choses pour la beauté du geste.

— Au secours, au secours, on veut me tuer, j'ai une femme et trois enfants !

— Cyrano, laissez jouer cette pièce, disent certains spectateurs.

— Non, répondent d'autres, il a raison. Montfleury est un porc ! C'est le plus mauvais acteur de Paris. Vive Cyrano !

Le bourgeois s'avance vers Cyrano et lui dit :

— Monsieur, s'il vous plaît, c'est la première fois que mon fils vient au théâtre. Laissez-le voir Montfleury…

— Mais, bourgeois, si votre fils voit ça, il n'aimera jamais plus le théâtre, le pauvre enfant.

— Mais…

— Pourquoi regardez-vous mon nez, bourgeois ?

— Moi ? Oh, non, je ne le regarde pas.

— Et pourquoi ne le regardez-vous pas ? Il est tellement laid ?

— Non, je le trouve très…

— Vous le trouvez trop grand ?

— Non, non, il est petit, tout petit…

— Tout petit, mon nez ? Tu plaisantes, bourgeois ! Il est grand, mon nez, c'est le plus grand nez du monde !

— Bravo, bravo, crient les spectateurs.

Le bourgeois préfère aller se cacher dans la salle. Cependant, dans sa loge, le comte de Guiche parle à Valvert :

— Dites-moi, il nous ennuie, cet homme-là. Allez donc lui donner une bonne leçon, Valvert.

Valvert monte sur la scène, s'approche de Cyrano et lui dit avec la voix d'un homme qui veut se battre :

— Monsieur, vous avez un nez, vous avez un nez… heu, un nez très grand.

— Très grand, en effet, répond Cyrano d'un air sérieux. C'est tout ?

— Oui, heu… Pourquoi ?

— Parce qu'on pourrait dire beaucoup de choses sur mon nez.

Par exemple : « Moi, monsieur, si j'avais un tel nez, je craindrais qu'il trempe dans ma tasse ! » ou bien : « C'est gentil d'offrir une branche aux pattes des oiseaux… » ou encore : « Peut-on y poser son chapeau ? » Voilà ce que quelqu'un d'intelligent aurait pu me dire. Mais pas une tête vide comme la vôtre !

— Idiot ! ridicule personnage ! crie Valvert, fou de colère.

— Ah ? Enchanté ! Eh bien moi, je m'appelle Savinien Cyrano de Bergerac, répond Cyrano comme si l'autre venait de lui donner son nom.

Les deux hommes sortent leurs épées. Mais pendant que Valvert se bat avec violence, Cyrano, lui, a l'air de danser. Il recule, le temps de saluer une dame, dit une plaisanterie au public[10] qui se met à rire, et récite même un poème. Et quand l'autre est bien fatigué, il lui rentre son épée dans le ventre. Valvert, blessé, tombe. Les spectateurs crient leur joie. Ça, au moins, c'est du théâtre ! Cyrano les salue. Le directeur du théâtre se met à pleurer :

— Ils veulent tous que je leur rende l'argent de leur billet. Mais comment je vais payer mes acteurs, moi ?

Cyrano sort sa bourse et la lui donne. Le directeur s'en va en le remerciant. Quand tout le monde est parti, Cyrano se retrouve seul dans la salle avec Lebret.

— Cyrano, mon ami, dit Lebret, quelle folie as-tu faite encore ? Devant le cardinal de Richelieu ! Devant le comte de Guiche ! Tu vas te retrouver en prison…

— Tant pis ! Et puis, le cardinal de Richelieu aime le théâtre et la poésie. Donc, il doit détester Montfleury.

— Mais cet argent que tu as donné au directeur du théâtre…

— Ce n'est pas grave ! C'était l'argent que mes parents m'ont envoyé pour le mois qui vient.

---

10 Public : ensemble des spectateurs.

— Mais comment vas-tu manger maintenant ?

À ce moment, la jeune fille qui vendait des fruits et des boissons s'approche en souriant et dit à Cyrano :

— Ah, monsieur, ce que c'était beau ce que vous avez fait. Voulez-vous manger quelque chose ? C'est gratuit pour vous.

— Merci, ma belle. Allez, je vous prendrai un tout petit peu de raisin et un verre d'eau pour vous faire plaisir. Et un baiser[11] sur votre jolie joue.

Il se penche pour l'embrasser. La jeune fille devient toute rouge et s'en va. Lebret continue :

— Tu es fou, Cyrano. Mais pourquoi détestes-tu Montfleury ?

— Pourquoi ? Parce que… parce que… Il a osé un jour regarder en souriant la plus belle de toutes les femmes. Il a osé regarder Roxane.

— Quoi ? Tu aimes ta cousine Roxane ?

— Hélas oui.

— Mais tu le lui as dit ?

— Moi ? Lui dire : « Je t'aime » ? Avec le nez que j'ai ! Elle se mettrait à rire. Je n'aurais plus qu'à me tuer.

— Tu exagères ! Regarde la petite vendeuse. Malgré ton nez, je crois bien qu'elle est amoureuse de toi.

— Peut-être, mais ce n'est pas Roxane. Roxane est la plus belle et moi, le plus laid de tous les hommes. Pourtant, je l'aime ! Je n'aime que ce qui est impossible.

— Mais elle t'a vu tout à l'heure en train de te battre. Je crois bien qu'elle t'admirait et…

À ce moment, une vieille femme en noir entre dans la salle.

---

11 Baiser : quand on touche tendrement avec la bouche un endroit du visage d'une personne qu'on aime.

— Vous êtes Cyrano de Bergerac ? Je suis la domestique[12] de votre cousine Roxane. Elle m'a demandé de vous donner cette lettre.

Cyrano lit la lettre et pousse un cri de joie :

— Lebret, Lebret, tu avais raison ! Elle me donne rendez-vous demain chez le pâtissier Ragueneau. Allez dire à Madame Roxane que je l'attendrai.

Mais la domestique a l'air ennuyé :

— J'ai peur de rentrer dans la nuit. Tout à l'heure, en passant devant chez M. Lignière, j'ai vu cent hommes avec des armes à la main et…

---

12 Domestique : personne qui s'occupait de la maison dans une famille riche.

— Cent hommes ? Cent hommes seulement ? Si Roxane m'aime, je suis capable d'en tuer mille. Allons-y, Lebret ! Ah que je suis heureux ! J'ai rendez-vous avec Roxane.

CHAPITRE 2

LA PÂTISSERIE DE MAÎTRE RAGUENEAU

Maître Ragueneau est sans doute le meilleur pâtissier de Paris. Dans la rue déjà, on sent une bonne odeur de pain, de gâteaux délicieux, mais aussi de jambons et de poulets, qui rôtissent dans la cheminée. On n'y vient pas seulement pour acheter quelque chose et repartir. Maître Ragueneau a installé dans sa pâtisserie une sorte de restaurant où l'on peut goûter ces bonnes nourritures tout en buvant du chocolat ou du café, ces deux nouvelles boissons à la mode, qui viennent d'Amérique.

Maître Ragueneau pourrait être le pâtissier le plus riche de Paris, mais – c'est ce que dit sa femme, la belle Mme Ragueneau – il aime trop les poètes. Dès qu'on lui lit de belles choses, il pleure, il rit, et il donne un gâteau ou un jambon au poète qui lui a lu son poème[1]. C'est bien connu : les poètes sont pauvres et ils ne mangent pas tous les jours. Alors, dès dix heures du matin, on voit arriver dans la pâtisserie des dizaines de jeunes gens – et parfois des plus vieux –, mal habillés, maigres et sales, qui font des poèmes sur les femmes les plus belles du monde, bien sûr, mais aussi sur les fleurs, la mer, la lune et les étoiles… Ils se taisent enfin quand ils ont la bouche pleine du gâteau ou de la viande que maître Ragueneau leur a donnés. Mme Ragueneau n'aime pas ces poètes

---

1 Poème : texte en vers où la musique des mots et la beauté des images compte beaucoup.

qui lui font perdre de l'argent. Elle, elle préfère les beaux soldats avec des grosses moustaches. En cachette, elle leur donne aussi des gâteaux et parfois… un baiser, quand son mari ne regarde pas.

Aujourd'hui, comme d'habitude, les poètes sont autour de maître Ragueneau, très fier, car il leur montre un gâteau qu'il vient de faire, tout en sucre, et qui a la forme d'une lyre[2]. Le pâtissier est quand même un peu triste quand il voit les poètes casser cette lyre et la manger comme un simple pain. Mme Ragueneau, de son côté, parle à voix basse avec un beau soldat. Mais ce n'est pas de poésie…

La porte s'ouvre et Cyrano entre.

— Bonjour, monsieur Cyrano, dit le pâtissier. J'étais hier au théâtre. C'était beau ce que vous avez dit à Montfleury. Et ce que vous avez fait à M. Valvert. Ah ! Ah ! Ah ! J'en ai pleuré et j'en ai ri en même temps.

— Merci, Ragueneau, répond Cyrano. Donne-moi une table, dans un coin tranquille. J'attends une dame et je voudrais qu'on ne me dérange pas.

— Monsieur Cyrano, dit Mme Ragueneau. C'est vrai ce qu'on m'a dit ? qu'hier, pour défendre M. Lignière, vous avez tué cent hommes ?

— Je ne les ai pas tous tués, belle madame Ragueneau. Mais moi, je voulais vous dire ceci : vous savez que votre mari est un de mes amis. Je n'ai pas envie qu'il soit malheureux. Et ce soldat, là… j'aimerais qu'il lâche votre main.

Le soldat essaie de sortir son épée. Mme Ragueneau, qui est devenue toute rouge, le retient. Alors, tranquillement, Cyrano va s'asseoir à une petite table, pour attendre Roxane.

Enfin, une jeune femme, le visage caché derrière un voile[3],

---

2 Lyre : instrument de musique qui était celui d'Orphée, le dieu des poètes.
3 Voile : tissu si léger qu'on peut voir à travers.

entre dans la pâtisserie. Ragueneau la conduit à la table où est assis Cyrano, qui écrit une lettre.

    — Bonjour, mon cousin, dit-elle.

    — Bonjour, belle cousine Roxane.

Roxane s'assoit, prend la main de son cousin et dit :

    — Mais vous êtes blessé ! Où vous êtes-vous fait ça ?

    — Ce n'est rien, ma cousine. Hier...

    — Oui, j'ai appris cela. Vous avez sauvé Lignière contre une centaine d'hommes qui...

    — Cela n'a pas d'importance.

    — Je vais vous soigner.

Roxane prend un mouchoir[4] et le met autour de la main blessée de Cyrano.

— Cela me rappelle, dit-elle, quand nous étions enfants et que nous jouions dans les bois. Pour m'offrir une fleur, vous montiez dans les rochers et souvent vous tombiez et vous vous faisiez mal. Mais vous arriviez toujours à cueillir la fleur.

— Oui, et vous, vous vous fâchiez gentiment, comme aujourd'hui.

— Parlons donc d'aujourd'hui. Au théâtre de l'hôtel de Bourgogne, j'ai vu un homme que j'ai aimé tout de suite…

—Ah, un homme ? au théâtre ? dit Cyrano en tremblant un peu.

— Oui, c'est un soldat…

— Comme moi ?

— Comme vous, mon cousin. Il est même dans votre régiment des cadets[5] de Gascogne[6]…

Cyrano rougit. Elle parle de lui, il en est sûr. Roxane continue :

— Je crois qu'il est très courageux…

— Peut-être…

— Il a une tête de poète…

— C'est donc un poète ?

— Je ne sais pas. Il est beau…

—Ah ? Il est beau ?

— Oh oui, tellement beau ! Il s'appelle…

— Il s'appelle ?

— Christian de Neuvillette…

Cyrano est devenu tout blanc. Tout en continuant de sourire à Roxane, il pense : « Tu es un idiot, mon pauvre Cyrano. C'était impossible : la plus belle femme de Paris, la plus intelligente aussi,

---

4 Mouchoir : bout de tissu qui sert à essuyer le nez.
5 Cadet : fils dernier né dans une famille de gentilshommes.
6 Gascogne : région du sud de la France d'où venaient les meilleurs soldats.

ne peut être amoureuse d'un homme aussi laid que toi. Ah, ce nez, ce nez, je voudrais le couper. Non, Cyrano ! Pour Roxane, tu ne seras jamais que le gentil cousin au grand nez. Allons ! Du courage ! Restons gai et amusant... » Puis il dit à voix haute :

— Comment, vous, ma cousine ? Amoureuse d'un pauvre cadet de Gascogne ? Vous qui êtes aimée par le comte de Guiche, l'homme le plus riche et le plus important de France après le roi et le cardinal de Richelieu ? Tous les poètes de Paris ont écrit des livres entiers sur votre beauté et votre intelligence. Vous allez faire bien des malheureux ! Ah, c'est trop drôle ! De Guiche va être très en colère !

— Ne plaisantez pas, mon cousin. Christian est si beau. Mais... Pouvez-vous me rendre un service ?

— Tout ce que vous voudrez, ma cousine. Je donnerais ma vie pour vous !

— Eh bien voilà : je n'ai jamais parlé avec Christian. Et j'ai peur qu'il ne sache pas dire les choses comme il faut, j'ai peur qu'il ne soit pas un poète. J'ai peur qu'il soit...

— Qu'il soit idiot, c'est cela ? Que Christian soit aussi bête que beau ? Et vous demandez à ce brave Cyrano...

— Oui, je demande à mon gentil cousin Cyrano, si courageux, mais qui sait aussi écrire d'aussi belles choses que cette pièce de théâtre...

— Le Pédant joué ? Oh, j'ai fait ça pour m'amuser.

— Ne mentez pas, mon cousin, je suis sûre que vous en êtes très content. Mais revenons à Christian.

Il est donc dans votre régiment. Soyez mon ami. Et essayez de savoir s'il sait écrire, s'il sait faire de la poésie, s'il sait dire des choses qui plaisent aux femmes. Bref, si je ne risque pas de m'ennuyer avec lui. Quand vous le saurez, dites-moi la vérité. Si par malheur Christian manquait d'intelligence, je ne pourrais jamais l'aimer.

— Je ferai tout ce que vous me demandez, ma cousine.

— Merci, mon cousin ! N'oubliez pas, dites-moi toute la vérité sur lui. Je dois partir maintenant. Venez donc demain chez moi. Vous nous lirez vos derniers poèmes. J'ai invité aussi les plus grands écrivains d'aujourd'hui. Il y aura M. Corneille !

— Avec plaisir, ma cousine, à demain.

Tristement, Cyrano regarde partir Roxane. Puis il frappe sur la table :

— Allons, Cyrano, tu ne vas pas pleurer. Pas une larme sur ce nez ! C'est si beau, une larme, et mon nez est si laid ! Courage, Cyrano, courage ! Maintenant, tu sais ce que tu dois faire. Tu veux que Roxane soit heureuse ? Elle le sera. Je vais marier Roxane et Christian. Voilà du vrai courage ! Voilà de la vraie poésie ! Souffre et meurs sans parler, Cyrano, pour le bonheur de Roxane.

À ce moment, les cadets de Gascogne entrent dans la pâtisserie en parlant très fort. Christian, Lignière et Lebret sont avec eux. Christian demande à Lignière :

— Qui est donc ce Cyrano dont vous parlez tout le temps ?

— C'est le plus courageux de tous les cadets, le plus fort.

Un cadet s'approche de Christian et lui dit :

— Toi, le nouveau, jamais tu ne seras aussi fort que lui. Et fais bien attention, petit, si tu oses lui parler de son nez, il te rentre son épée dans le corps.

— Eh bien, on va voir, répond Christian, qui n'aime pas qu'on lui parle comme s'il était un enfant et qui veut montrer aux cadets qu'il est un homme qui sait se battre.

— Cyrano, Cyrano, crient les cadets, raconte-nous la grande bagarre d'hier. Lignière avait tellement bu qu'il ne se rappelle rien.

— Non, mes amis, répond Cyrano, je dois écrire une lettre. Je suis occupé.

— Monsieur Cyrano, dit Mme Ragueneau, s'il vous plaît.

— Pour vos beaux yeux, madame, je raconterai tout. Je vais donc vous parler du…

— Du nez !

Tout le monde se retourne. Qui a osé dire cela ? C'est Christian, le nouveau ! Cyrano va le tuer, c'est sûr.

— Qui est cet homme ? demande Cyrano à Lebret.

— Un nouveau. Il est entré ce matin dans le régiment. C'est un certain Christian de Neuvillette.

Tout le monde croit que Cyrano va sortir son épée et tuer celui qui a parlé de son nez. Mais non, il reste calme et continue son histoire.

— Je vais donc vous parler de cette nuit pendant laquelle j'ai défendu Lignière. Je partais à la recherche de ces cent hommes, l'épée à la main…

— Le nez au vent[7] ! dit Christian.

On dirait que Cyrano va se jeter sur lui. Mais il reste assis et continue :

— Devant moi, dans la nuit, je vois tous ces hommes armés. Ils étaient presque cent…

— À vue de nez[8].

— … À peu près ! D'un seul coup d'épée, paf !

— Pif[9] !

Cyrano se lève d'un seul coup et crie :

— Cette fois, ça suffit ! Sortez tous ! Laissez-moi seul avec cet homme !

Ah, enfin ! se disent les cadets, Cyrano s'est réveillé. Pauvre Christian de Neuvillette ! Mourir si jeune !

Et ils sortent de la salle. Christian commence à sortir son épée.

---

7 Le nez au vent : en se promenant, dans le langage populaire.

8 À vue de nez : expression populaire pour dire « à environ ».

9 Pif : le nez, dans le langage populaire (paf ! : imitation du bruit d'un coup que l'on donne).

Mais Cyrano ouvre les bras et dit :

— Elle t'aime ! Embrasse-moi !

— Qu'est-ce que ça veut dire ?

— Roxane est ma cousine. Tout à l'heure, elle est venue me voir pour me parler de toi. Elle t'aime, heureux homme ! Et toi l'aimes-tu ?

— Oh oui, plus que tout au monde. Elle est tellement belle !

— C'est vrai ! Et tellement intelligente ! répond Cyrano.

— Hélas ! continue Christian avec un air triste. Moi, je ne sais pas parler d'amour. Je ne sais pas être amusant ou dire de jolies phrases qui plaisent aux femmes.

— Pourtant, tout à l'heure, quand tu parlais de mon nez, c'était très drôle…

— Non, ce n'étaient que des plaisanteries de soldat. Cyrano,

tu es son cousin, tu es mon ami, maintenant. Excuse-moi pour ces plaisanteries... Je voulais montrer aux cadets que j'étais courageux.

— Et tu l'es, Christian. Car si ma cousine ne t'aimait pas, je t'aurais tué d'un seul coup. Il faut maintenant que tu écrives à Roxane pour lui dire ton amour.

— Je ne sais pas faire ça. Je ne trouve pas les mots qu'il faut.

— Eh bien, je viens de le faire. Tiens, prends cette lettre, lis-la, signe-la et envoie-la. Je m'amuse quelquefois à écrire à une femme qui n'existe pas, mais dont je rêve la nuit et que j'aime et qui m'aime. Cette lettre ira très bien pour Roxane.

— Mais pourquoi fais-tu ça ?

— Disons que c'est un jeu de poète. Cette idée m'amuse beaucoup, c'est tout. Accepte, Christian. Tu verras, tout se passera bien. Allez, nous sommes deux frères, maintenant. Embrassons-nous, Neuvillette !

À ce moment, les cadets et les autres clients de la pâtisserie ouvrent la porte.

— Oh, quel silence, dit l'un d'eux. Le pauvre garçon doit être mort. Mais… Mais ils s'embrassent. Ça alors !

Le soldat qui, tout à l'heure, parlait avec trop de gentillesse à Mme Ragueneau, dit à voix haute :

— Alors, maintenant, on peut rire de son nez.

Et il s'approche de Cyrano en disant :

— Il y a une drôle d'odeur, ici, vous ne trouvez pas ? Vous devez savoir ce que c'est, vous : qu'est-ce que ça sent ?

Cyrano lui donne une violente gifle et lui dit :

— Ça sent la giroflée[10] à cinq feuilles !

— Bravo, bravo ! crient les cadets de Gascogne pendant que le soldat s'enfuit à toute vitesse. Enfin, on a retrouvé notre Cyrano !

— Messieurs, dit Cyrano. Apprenez que Christian, cet homme courageux, est devenu mon ami. Il doit être aussi le vôtre.

— Oui, vive Cyrano, vive Christian, vive les cadets de Gascogne !

---

10 Giroflée : fleur qui ressemble à une main. Pour dire « une gifle », on dit parfois une giroflée à cinq feuilles.

CHAPITRE 3

UN MARIAGE SOUS LA LUNE

Cette nuit-là, Cyrano et Christian se promènent dans les rues de Paris. Dans le ciel, les étoiles brillent, la lune est toute blanche et ronde.

— Les lettres que tu as écrites à Roxane en les signant de mon nom étaient vraiment très belles, dit Christian. Ah, comme j'aimerais être un poète comme toi ! C'est grâce à toi que j'ai eu un rendez-vous pour ce soir. Elle m'a écrit de venir lui parler sous sa fenêtre. Mais cette fois, je n'ai plus besoin de toi. Je saurai lui dire les choses qu'il faut.

— C'est possible, mais j'ai peur que tu fasses des bêtises. Je serai caché dans le noir, à côté, pour t'aider s'il le faut. Taisons-nous ! Voilà sa maison. Je me cache. Vas-y !

Christian se met alors à chanter une chanson. La fenêtre de la chambre de Roxane s'ouvre.

— Qui est là ? demande-t-elle

— C'est moi ! répond Christian.

— Moi ? Mais il y a beaucoup de « moi » dans le monde !

— Moi, Christian. Je vous aime !

— Voyons, Christian, on n'avoue pas de tels sentiments de cette façon, répond Roxane. Vous savez si bien écrire sur l'amour dans vos lettres. Vous ne savez donc pas en parler aussi bien ?

— Je… je vous aime, Roxane.

— Encore ! Qu'est-ce que l'amour pour vous ?

— C'est… Vous êtes la plus belle.

— Mais que vous arrive-t-il ? Vous me dites des choses sans intérêt !

— Je veux un baiser.

— Maintenant, vous m'ennuyez !

— Un baiser, s'il vous plaît.

— Je ne veux pas en écouter davantage, dit Roxane en colère.

Cyrano s'approche de Christian et lui dit à voix basse :

— Laisse-moi faire. Répète ce que je vais dire : Oui, Roxane, c'est tellement beau un baiser, c'est le point sur le i du verbe aimer.

— Oui, heu… Roxane, répète Christian, c'est tellement beau un baiser… heu !… C'est le point sur le i… du verbe aimer.

— Ah ! ce que vous me dites est plus joli, répond Roxane. Mais pourquoi parlez-vous aussi difficilement ?

— Laisse-moi faire, maintenant, dit Cyrano à Christian, toujours à voix basse. Puis il imite Christian et dit à voix haute à Roxane qui ne le voit pas dans le noir :

— C'est que les mots ont du mal à monter jusqu'à votre fenêtre…

— Voilà enfin une belle réponse, murmure Roxane.

— Les mots connaissent maintenant le chemin de ma bouche à votre oreille, continue Cyrano.

Et longtemps, Cyrano parle d'amour à Roxane avec les plus jolis mots du monde. Elle lui répond de la même façon, pendant que Christian reste silencieux. Enfin, elle dit :

— Mettez-vous dans la lumière de la lune, que je vous voie dire d'aussi belles choses.

— Hélas, répond Cyrano, qui a oublié qu'il parlait à la place de Christian, hélas ! la lune n'aimerait pas montrer une tête aussi laide que la mienne.

— Mais vous êtes beau, Christian.

— C'est vrai, j'oubliais que j'étais beau, répond Cyrano. Mais cette nuit magnifique, cette lune qui nous regarde m'empêchent de vous dire que je voudrais…

— Un baiser ! dit Christian.

— Quoi ? demande Roxane.

—Tais-toi, Christian, dit Cyrano à voix basse. Je voudrais rester ainsi à parler, caché dans l'ombre de la nuit, jusqu'au matin…

Et il continue jusqu'au moment où Roxane dit enfin :

— Montez, montez, je vais vous le donner ce baiser que vous voulez tant.

— À ton tour, Christian, dit Cyrano.

Le beau Christian monte jusqu'à la fenêtre. Cyrano reste seul en bas et regarde les deux ombres qui s'embrassent. Il reste long-temps là, triste. Enfin, il entend quelqu'un qui marche dans la rue.

—Arrêtez-vous, il est interdit d'aller plus loin ! dit Cyrano. Qui êtes-vous ?

— Je suis le prêtre que Monsieur Christian de Neuvillette a demandé pour son mariage avec Madame Roxane.

— Entrez, dit Cyrano. Je crois qu'on vous attend.

Le prêtre frappe à la porte. Il entre. Des lumières éclairent toute la maison.

— C'est fini, se dit Cyrano, je ne sers plus à rien. Je n'ai plus qu'à mourir à la guerre…

Mais, au bout de la rue, voici à nouveau des gens qui arrivent. Cyrano reconnaît le comte de Guiche et ses soldats.

— Non, ce n'est pas tout à fait fini, pense encore Cyrano. Il faut que j'empêche le comte de Guiche d'entrer chez Roxane avant qu'elle soit mariée.

Il monte dans un arbre qui se trouve juste devant la porte de la maison.

—Attendez-moi au bout de la rue, dit le comte de Guiche à ses soldats, et empêchez tout le monde de passer.

Les soldats s'en vont. De Guiche est sur le point d'entrer chez Roxane quand Cyrano, le visage caché sous son manteau, saute de l'arbre pour arrêter le comte.

— Bonne nuit, monsieur. Pouvez-vous me dire dans quel pays je suis tombé ?

— Qui êtes-vous et d'où venez-vous ? demande de Guiche qui a pris son épée.

— Moi ? Je viens de la lune. Je suis parti hier matin et je ne sais pas où je suis tombé. Où sommes-nous ?

— Cet homme est un fou ! Laissez-moi passer, je dois voir une femme.

— Un rendez-vous ? Avec une dame ? Alors, je suis à Paris !

— Hé, hé, dit de Guiche en riant. Il est peut-être fou, mais il est amusant. C'est vrai, vous êtes à Paris.

— Quel jour sommes-nous ?

— Mardi.

— De quel mois ?

— Le mois de mai.

— J'ai de la chance. Le mois de mai à Paris, c'est le mois de l'amour, le plus beau de tous... En quelle année ?

— 1640. Allons, laissez-moi passer, maintenant.

— 1640 ! Cela fait donc quatre cent quatre-vingt-deux ans et trois mois que je me suis envolé vers la lune !

— Vous êtes vraiment fou. Laissez-moi passer ou je me fâche.

— Un moment encore : savez-vous, monsieur, qu'il y a cinq moyens de monter dans la lune ?

— Cinq moyens, vraiment ? répond de Guiche qui commence à s'intéresser à cette drôle d'histoire. Et lesquels ?

— Le premier est d'attendre que les oiseaux partent vers le sud. On les attrape et on les emmène comme des chevaux jusque là-haut.

— Eh oui, ça fait un moyen.

— Le deuxième, c'est le plus simple et le plus dangereux. On se met dans un canon[1], on tire et boum ! on part vers la lune à toute vitesse. Mais on risque de se casser la tête en arrivant.

— Deuxième moyen ! Bravo.

— Le troisième est le plus difficile. Les matins d'été, il y a toujours des petites gouttes d'eau sur les fleurs. Avec le soleil, elles s'envolent vers le ciel. Je mets alors mon manteau au-dessus d'elles et je m'envole aussi.

— Trois !

— Mais, je préfère le quatrième moyen : Quand la lune est toute ronde, elle attire l'Océan vers elle. C'est la marée[2]. Je me repose sur le sable après un bain de mer et je me laisse entraîner doucement vers la lune...

---

1   Canon : arme de guerre qui envoyait des pierres rondes ou des boules de métal.
2   Marée : mouvement quotidien de l'océan quand il s'en va ou revient vers la terre.

— Quatre ! Et le cinquième ?

— Le cinquième, comte de Guiche ? Je vous le raconterai plus tard.

Et Cyrano enlève son manteau.

— Cyrano de Bergerac ! dit le comte. Que faites-vous ici ?

—Vous pouvez entrer, monsieur le comte. Ils sont mariés.

— Mariés, mais qui ?

— Roxane et Christian !

Alors, Cyrano ouvre la porte de la maison. Dans une grande salle, Roxane et Christian se tiennent par la main devant le prêtre : ils viennent de dire « oui ». Ils sont mariés.

— Très bien joué, Cyrano, répond le comte en colère. Mais ce mariage ne va pas durer longtemps. Je venais dire au revoir à

Roxane avant de partir pour la guerre. Eh bien, Christian, vous, Cyrano, et tous les cadets de Gascogne, vous allez partir avec moi, dès demain matin. Croyez-moi, vous serez les premiers à vous battre et à mourir pour le roi.

— Sans le savoir, monsieur le comte, répond Cyrano en enlevant son chapeau et en saluant très bas, vous me faites un très beau cadeau. À demain, mon général[3].

---

3 Général : le plus grand chef dans une armée.

CHAPITRE 4

LA GUERRE DE CYRANO

Depuis cinq ans, la France est en guerre contre l'Espagne et l'Autriche. Tout le monde a oublié pourquoi on se bat, mais cela va encore durer longtemps. On appellera cette guerre « la guerre de Trente Ans ».

Les Autrichiens ont pris une grande ville du Nord, Arras. Au pied d'Arras, armées amies et ennemies s'encerclent[1] les unes les autres : les Français assiègent les Autrichiens afin de les faire mourir de faim. Les Espagnols entourent les Français et les Hollandais encerclent les Espagnols.

Tous les jours, à midi, les Français attaquent la ville. Alors, les Espagnols attaquent les Français et, derrière eux, les Hollandais font de même avec les Espagnols... Puis, quand le soir tombe, on arrête de se battre, on ramasse les morts et les blessés. Et on recommence le lendemain.

Les cadets de Gascogne, encerclés par les Espagnols, sont toujours les premiers à se battre et les derniers à s'arrêter. Pourtant, ce sont eux qui ont le plus faim. Le comte de Guiche, général de l'armée française, n'a pas pardonné à Cyrano d'avoir marié Christian et Roxane. Et quand, par hasard, de la nourriture réussit à passer à travers l'armée ennemie, de Guiche demande que les Cadets soient servis en dernier, s'il reste quelque chose à manger.

---

1 Encercler : se mettre autour de.

Tous les matins, à cinq heures, Cyrano se lève avant tout le monde et traverse rapidement le camp, son épée dans une main et une lettre dans l'autre. Car, pendant la nuit, alors que Christian dormait, il a écrit à Roxane. Il réussit à ne pas se faire voir des Espagnols, il donne la lettre à quelqu'un qui part pour Paris, et revient chez les cadets de Gascogne, alors que personne ou presque n'est réveillé. Seuls deux cadets sont debout ce matin, à six heures, et regardent loin dans la campagne pour voir si les Espagnols n'attaquent pas. Soudain, ils entendent des coups de fusil[2] :

— Qui est là ?

— Cyrano de Bergerac.

---

2 Fusil : arme à feu longue qui envoie des balles.

Cyrano saute par-dessus le mur qui protège l'armée française.

—Tu vas bien, Cyrano ? Tu n'es pas blessé ?

— Non, les Espagnols ne savent pas tirer. Ils ont fait un trou dans mon chapeau, c'est tout.

Dans les tentes, on entend des gens qui protestent.

— Oh, Cyrano, tu m'as réveillé.

— Oui, moi aussi, je rêvais d'un beau poulet bien chaud et d'une bonne bouteille de vin.

— Quand on dort, on n'a pas faim.

— J'ai faim, Cyrano, as-tu rapporté quelque chose à manger ?

Les cadets sortent tous de la tente, maigres, tristes. Certains sont blessés et portent des pansements[3] au bras ou autour de la tête.

— J'ai faim, Cyrano !

— J'ai mal au ventre !

— Il faut faire quelque chose pour eux, Cyrano, dit Lebret, raconte-leur des histoires drôles. Ils oublieront peut-être qu'ils n'ont pas mangé depuis trois jours.

— Non, j'ai mieux que cela, Christian, tu as apporté ta flûte[4] ?

— Oui, pourquoi ?

— Joue-nous une musique de notre enfance, une musique de Gascogne.

Christian prend sa flûte et joue une douce musique. Ils écoutent tous. Certains sourient doucement, d'autres pleurent.

— Es-tu bien sûr que ça leur fera du bien ? demande Lebret à Cyrano. On dirait des enfants. Cela va leur faire perdre leur courage. Ce sont des soldats, quand même.

---

3 Pansement : bout de tissu que l'on met autour d'une blessure pour l'empêcher de saigner.

4 Flûte : petit instrument de musique à vent.

— Ne t'inquiète pas, mon cher Lebret. Pour le moment ils oublient tout, la guerre, la faim, mais dès qu'il faudra se battre, ils seront à nouveau des braves, prêts à se faire tuer.

Juste à ce moment, on entend des coups de fusil. Tous les cadets se lèvent en même temps et sortent leurs armes. Ils sont redevenus des soldats. Les larmes et le pays de leur enfance sont oubliés en une seconde.

— Qu'est-ce que c'est ? crie Cyrano aux soldats qui surveillent l'armée espagnole.

— Une voiture qui a réussi à traverser l'armée ennemie.

— Qui êtes-vous ? crie-t-on au conducteur de la voiture.

— Nous sommes français, ne tirez pas, laissez-nous entrer, ouvrez la porte !

Les chevaux s'arrêtent au milieu du camp[5]. Une femme descend.

— Roxane ! crient en même temps Cyrano et Christian.

— Eh oui, mon cousin, eh oui, mon mari ! J'avais envie de vous revoir.

— Mais, demande Cyrano, comment avez-vous fait pour passer au milieu des ennemis ? Ils auraient pu vous tuer.

— Ah, vous ne connaissez pas les Espagnols, mon cher ! Quand ils ont su que j'étais une femme qui allait rendre visite à son mari, ils m'ont laissée passer. Ils m'ont même joué de la musique.

— Tu es folle, dit Christian.

— Non, répond Cyrano, Roxane est courageuse. C'est une vraie fille de Gascogne.

— Allons, dit Roxane, arrêtez d'être sérieux comme cela. Et d'abord, les voyages, ça donne faim. Invitez-moi donc à déjeuner.

— Mais, Roxane, dit Christian, nous n'avons rien. Nous n'avons pas mangé depuis trois jours.

---

5 Camp : endroit où dorment et mangent les armées pendant la guerre.

— Ce n'est pas grave, regardez donc qui est le conducteur de ma voiture.

— Ragueneau ! crient les cadets, le grand Ragueneau, le meilleur pâtissier du monde !

Ragueneau descend de la voiture avec un bon sourire.

— Hélas, messieurs, je ne suis plus pâtissier. Ma femme est partie avec un soldat. J'étais devenu tellement triste que je pleurais dans mes gâteaux. Cela leur donnait un mauvais goût. Plus aucun client ne venait chez moi. J'ai dû fermer ma boutique. Heureusement, Madame Roxane a bien voulu de moi pour conduire sa voiture.

— Alors, on va manger tes chevaux ? demande un cadet.

— Ce n'est pas la peine, regardez ce que je vous ai apporté.

Et Ragueneau sort de la voiture les bras remplis de viande de bœuf, de jambons, de légumes, de fruits, de gâteaux et de bouteilles de vin.

— Vive Ragueneau, vive Roxane !

Ils courent vers la nourriture.

— Allons, messieurs, dit Christian, je vous rappelle que nous déjeunons avec une dame. Tenez-vous bien.

— Laisse-les, dit Roxane, n'oublie pas qu'ils vont peut-être mourir tout à l'heure.

Et pendant que les cadets mangent et boivent en bavardant et en riant, Roxane et Christian vont se promener plus loin la main dans la main.

— Roxane, pourquoi es-tu venue ? Tu es folle, tu aurais pu être tuée.

— C'est à cause de tes lettres, mon cher mari, tes si belles lettres. Comment as-tu fait pour m'en envoyer une par jour ?

— Une par jour ? Mais…

Christian regarde un instant Cyrano, assis seul dans son coin et qui ne mange pas.

— Une par jour… répète Christian. Et ce que je te disais était vraiment aussi beau que cela ? Tu es venue à cause de quelques mots gentils ?

— Oh, ce n'était pas seulement gentil, mon Christian, c'était bien plus beau que les plus belles poésies du monde. Je pleurais en les lisant. Jamais personne n'a parlé d'amour aussi bien que toi. Quand je t'ai connu, je t'ai aimé pour ta beauté. Maintenant, c'est pour ta poésie.

— Et tu m'aimerais même si je devenais laid ?

— Oui, je le jure, même très laid, je t'aimerais encore ! Plus qu'avant !

— Plus que maintenant ?

— Oui, mon amour.

— Revenons, dit Christian, je dois parler à Cyrano.

Ils se retrouvent au milieu des cadets. Gentiment, Roxane leur sert à boire, leur sourit, leur redonne courage. Pendant ce temps, Christian entraîne Cyrano dans un endroit d'où on ne peut pas les entendre.

— Cyrano, dit Christian, il faut que je te parle.

— Plus tard, plus tard !

— Non, tout de suite. Est-ce vrai que tu as traversé chaque jour l'armée ennemie pour envoyer des lettres ? Je ne savais pas que tu en avais écrit autant ! Et, m'a dit Roxane, ce sont de très belles lettres d'amour.

— Ah, c'est agréable d'entendre cela. Peut-être que je ne suis pas aussi mauvais poète que je le pense.

— Ne plaisante pas, Cyrano. Maintenant, je sais que tu l'aimes.

— Que j'aime qui ?

— Elle, Roxane ! Oui, je sais que tu l'aimes. Et pendant tout ce temps, tu n'as rien dit, tu m'as aidé à me marier. Comme tu devais souffrir ! Pourquoi, Cyrano ?

— Pourquoi ? Regarde mon nez, Christian. Avec un nez pareil, je n'aurais jamais pu le lui dire. Elle aurait ri.

— Tu te trompes, elle m'a dit tout à l'heure qu'elle m'aimerait, même si j'étais laid.

— Ce sont des paroles de femme ou de poète. Non, c'est toi qu'elle aime et seulement toi. Moi, je suis presque heureux qu'elle m'aime un peu sans le savoir. Ça me suffit !

— Je vais tout lui dire. Et elle choisira entre toi et moi.

— Surtout pas ! Elle peut alors nous détester tous les deux, continuons comme avant.

— Non, Cyrano. Maintenant, je sais que tu l'aimes. Je sais qu'elle t'aime aussi. Tu es entre elle et moi. Je lui parlerai. Elle choisira.

— Tu le veux vraiment ? Eh bien, c'est d'accord. Mais attends d'être rentré à Paris après la bataille d'Arras. Car nous pouvons mourir tout à l'heure. Alors, elle ne pleurera plus la mort d'un seul homme, mais de deux.

— Tu as raison. Allons manger maintenant. On se bat mieux le ventre plein.

Soudain, un des cadets se met à crier :

— Cachez toute la nourriture, les amis, voilà le comte de Guiche.

Très vite, tout le monde met ce qu'il est en train de manger ou de boire dans ses poches ou derrière son dos. De Guiche, dans son habit de général, a le visage tout blanc : il n'a pas mangé depuis longtemps lui non plus.

— Qu'est-ce que c'est que cette voiture qui est entrée dans le camp tout à l'heure ? Comment ? C'est vous, madame de Neuvillette ! Mais que faites-vous ici ?

— C'est normal qu'une femme vienne voir son mari, répond Roxane. Vous avez peut-être oublié que le lendemain de notre mariage, vous avez envoyé Christian à la guerre.

— C'est d'abord un soldat, madame, et un mari après.

De Guiche regarde les cadets autour de lui. Il les trouve un peu bizarres. Ils rient, ils chantent, comme après un bon repas.

— Dites donc, vous, dit-il à un cadet, je trouve que vous avez l'air bien rouge pour un homme qui n'a pas mangé depuis trois jours.

— C'est parce que j'ai envie de me battre contre les Espagnols, mon général. Ça me monte à la tête.

— Et vous, là ? Vous chantez tout le temps. Vous avez l'air bien content. On dirait que vous avez trop bu.

— C'est à cause du bruit du canon, mon général. C'est de la vraie musique pour un cadet de Gascogne.

— Il se passe de drôles de choses ici. Je sais que vous ne m'aimez pas, messieurs les cadets. Mais, capédédious, je veux savoir ce qui vous arrive !

— Capédédious[6] ! Il a dit : Capédédious ! dit Cyrano. Le général comte de Guiche n'a pas oublié qu'il était gascon.

— Eh non, je n'ai pas oublié. Vous m'avez vu me battre, et je sais être aussi courageux que vous ! J'ai été cadet, moi aussi.

— Vive de Guiche, vive le général gascon ! Qu'on lui donne à boire et à manger ! Il est comme nous !

Toute la nourriture apparaît de nouveau sur les tables. De Guiche se met à manger et à boire autant que les autres. Enfin, il dit :

— Roxane, donnez-moi, s'il vous plaît, votre mouchoir.

— Le voici.

— Messieurs, ce petit bout de tissu va devenir votre drapeau[7]. Maintenant, allons-nous battre !

Christian s'approche de Roxane :

— Au revoir, mon amour. Quand je reviendrai de la bataille, il faudra que je te dise quelque chose d'important. Et si je ne reviens pas, Cyrano te le dira à ma place.

— Tu reviendras, mon Christian. Cyrano te protège.

Les deux armées ennemies se retrouvent face à face. Les canons font un bruit terrible. Des hommes tombent de tous côtés. Les Français avancent toujours. Les Espagnols s'enfuient en courant. C'est la victoire ! Mais, au dernier moment, un ennemi se retourne, tire un dernier coup de pistolet[8]. Christian tombe, mort.

---

6 Capédédious : cri de colère dans la langue des Gascons, qui signifie « tête de Dieu ».

7 Drapeau : morceau de tissu de différentes couleurs qui représente un pays.

8 Pistolet : petite arme à feu.

Les cadets retournent au camp. Cyrano porte dans ses bras le corps de Christian. Il le couche sur son lit, dans sa tente. Roxane embrasse passionnément Christian, lui prend la main et pleure. Cyrano sort de la tente.

— Pauvre Christian, murmure-t-il, il était devenu mon ami. Ah maintenant, je peux dire la vérité à Roxane, je peux lui dire que c'était moi qui écrivais et envoyais les lettres. Non ! Je ne dois pas faire cela. Lui seul aurait pu le dire. Il est mort, je dois me taire. Jamais Roxane ne saura que je l'aime. Jamais elle ne saura que, en croyant aimer Christian, c'était moi qu'elle aimait.

Une heure plus tard, Roxane sort de la tente et s'approche de Cyrano.

— Mon cousin, Christian voulait me dire quelque chose après la bataille. Et…

— Il vous a dit que s'il ne revenait pas, je le dirais à sa place. C'est cela ?

— Oui, que voulait-il me dire ?

— Que même mort il vous aimerait encore, et qu'il fallait toujours l'aimer. C'était un grand soldat, si beau…

— Si intelligent, répond Roxane, c'était peut-être un grand soldat, mais c'était surtout un grand poète. Et c'est le poète que j'ai fini par aimer, en oubliant sa beauté.

— Il ne faut pas dire cela ma cousine. Christian était tout cela en même temps : poète, soldat, beau, intelligent. Et c'est tout cela que vous aimiez et que vous aimerez toujours.

CHAPITRE 5

QUINZE ANS APRÈS

Nous sommes en 1655, le roi Louis XIII et le cardinal de Richelieu sont morts depuis douze ans. Louis XIV est, à l'âge de dix-sept ans, le roi de France. Son ministre s'appelle le cardinal Mazarin. Les Français ont gagné la guerre contre les Espagnols, mais elle va bientôt recommencer.

Après la mort de Christian, Roxane s'est enfermée dans un couvent[1]. Quinze ans après, elle est toujours aussi belle, mais maintenant elle s'habille tout en noir. Ses amis viennent la voir de temps en temps. Aujourd'hui, c'est le comte de Guiche. Ils se promènent doucement dans le jardin du couvent, au milieu des religieuses, qui, assises sur un banc, lisent ou font des vêtements pour les pauvres.

— Alors, belle Roxane, vous ne voulez toujours pas sortir d'ici, dit de Guiche. Tout Paris parle encore de vous. Même le roi a dit hier qu'il aimerait vous voir. Quinze ans se sont passés. Vous pouvez revenir. Et moi, vous le savez, ma femme est morte. Si vous le voulez, je vous épouserai.

— Vous êtes bon, cher comte. Mais je ne peux pas oublier Christian. Aucun homme au monde ne pourra le remplacer, même vous, comte. Non, restons amis, venez me voir de temps en temps et nous parlerons du passé.

---

1 Couvent : dans la religion catholique, maison où vivent des femmes qui prient Dieu. On appelle ces femmes des religieuses.

— C'est bien, chère Roxane. Vous savez, je suis devenu sage, maintenant. En ce temps-là, j'étais prêt à tout pour que vous m'aimiez. Aujourd'hui, je suis seulement content d'être avec vous, dans ce jardin si calme, qui me fait oublier mon travail de ministre. Ce n'est pas comme Cyrano...

— Ah, ce cher Cyrano, il vient me voir une fois par semaine, pour me raconter ce qui se passe en ville. Toujours amusant, toujours gentil.

— Oui, il m'a fait lire avant-hier son *Histoire comique des États et Empires de la Lune*. Je me souviens comme il m'en avait raconté des passages, la nuit de votre mariage. J'en ris encore !

— Comte, regardez, voici Lebret, son meilleur ami. Bonjour Lebret. Comment allez-vous ?

— Madame, avez-vous vu Cyrano ? demande Lebret, qui a l'air d'avoir couru.

— Non, je l'attends. Il doit venir à quatre heures comme tous les mercredis depuis quinze ans.

— J'ai peur pour lui. Il a écrit un poème qui disait du mal du cardinal Mazarin. J'ai appris que celui-ci voulait le faire tuer aujourd'hui.

— Je vais voir Mazarin tout à l'heure, dit de Guiche. Je lui parlerai de cela. Je suis sûr qu'après ce que je vais lui expliquer, il ne fera pas tuer Cyrano. Il doit me rendre ce service. Je m'en vais, Roxane. J'espère qu'il n'est pas trop tard.

De Guiche, après avoir salué Roxane et Lebret, s'éloigne en courant. Une religieuse s'approche de Roxane :

— Monsieur Cyrano ne vient pas aujourd'hui, madame ?

— Je l'attends, sœur[2] Marthe. Il est un peu en retard. Cela ne lui arrive jamais. M. Lebret et moi sommes inquiets. Vous l'aimez donc bien, M. Cyrano, malgré tout ce qu'il dit sur la religion ?

---

2 Sœur : nom donné aux religieuses.

— Oh, oui ! Il dit de très vilaines choses, mais je sais que M. Cyrano est le meilleur des hommes et qu'il donnerait tout son argent aux pauvres.

— Hélas, pauvre Cyrano, il a si peu d'argent, dit Lebret. Toujours pauvre. Mais il ne veut pas qu'on l'aide. Le comte de Guiche lui a bien proposé d'acheter toutes ses pièces de théâtre et de le payer pour qu'il en écrive d'autres. Mais Cyrano refuse. Il dit que si de Guiche, qui est pourtant devenu son ami, achetait ce qu'il écrit, il ne serait plus libre.

À ce moment, la porte du jardin s'ouvre et Cyrano entre. Il est habillé de vieux vêtements, mais il a toujours son grand chapeau sur la tête avec ses longues plumes, son panache. Son visage est très pâle. Il marche lentement.

— Bonjour, mon cousin, dit Roxane joyeusement. Vous êtes en retard, aujourd'hui. C'est la première fois.

— Excusez-moi, ma cousine. Mais j'ai rencontré quelqu'un qui voulait me demander de l'accompagner quelque part. Quelqu'un de très important. Mais je lui ai dit : « Non, je vous verrai plus tard. J'ai rendez-vous avec ma cousine. » Personne ne m'a jamais empêché de venir vous voir le mercredi à quatre heures. Et ce n'est pas cette…

— Qui est donc ce personnage important ?

— Je vous le dirai plus tard.

— Vous avez l'air fatigué, mon cousin. Êtes-vous malade ? Vous avez trop chaud, enlevez donc votre manteau et votre chapeau.

— Chaud, moi ? J'ai couru pour être à l'heure, c'est tout. Mais cela va mieux. Vous permettez que je m'assoie.

— Eh bien, vous ne dites pas de vilaines choses à sœur Marthe aujourd'hui ?

— Excusez-moi, sœur Marthe, j'avais oublié. Vous savez que j'ai mangé de la viande[3], vendredi dernier ?

— Oh, monsieur Cyrano, dit sœur Marthe en devenant toute rouge. Vous avez fait ça !

— Mais non, ce n'est pas vrai, dit Lebret. Vendredi dernier, il n'a rien mangé du tout : il n'avait pas d'argent et il ne voulait pas que je lui en donne, comme d'habitude.

— Ah, mon vieux Lebret ! Mon meilleur ami. Tu m'as donné assez d'argent comme ça. Et ce jour-là, j'attendais que l'éditeur[4] de mon dernier livre me paie. Mais tu connais les éditeurs, Lebret. Tu es poète, toi aussi. Sœur Marthe ne l'est pas. Il faut donc que je lui explique : l'éditeur veut toujours que le poète écrive très

---

3 Manger de la viande le vendredi : la religion chrétienne interdisait de manger de la viande le vendredi, car c'était le jour de la mort de Jésus-Christ, le fils de Dieu. C'était un jour « maigre ».

4 Éditeur : personne qui fabrique et vend des livres.

vite et très bien. Mais l'éditeur, je n'ai jamais compris pourquoi, a le droit, lui, de payer le poète très tard et très mal. C'était déjà comme ça il y a deux cents ans, il en sera encore ainsi dans trois cent quarante-huit ans.

– Cher Cyrano, répond Lebret, je vois que tu vas bien. Comme toujours, tu sais dire la vérité de façon amusante. Je te laisse seul avec Roxane. Venez, sœur Marthe, ils ont tant de choses à se dire.

Pendant que Lebret et sœur Marthe partent se promener dans le jardin, Roxane et Cyrano restent seuls sous l'arbre. Le soir arrive. On est en septembre, quelques feuilles tombent. Il fait beau, mais pourtant Cyrano a l'air d'avoir froid maintenant.

– Que vous arrive-t-il, mon cousin ? demande Roxane. Vous ne dites plus rien. Vous devez pourtant me raconter ce qui s'est passé à Paris cette semaine.

– C'est tellement beau, les soirs de septembre. Un beau soir pour mourir… Mais voici donc les événements de cette semaine parisienne : Samedi, le roi est tombé malade pour avoir trop mangé ! Tous les gentilshommes et les grandes dames étaient là. Dimanche, la reine a donné un grand bal ; le même jour on a pendu quatre voleurs, et nos troupes ont battu Jean l'Autrichien. Lundi, rien. Mardi, toute la cour était à Fontainebleau pour fêter la guérison du roi. Mercredi, Mme de Longueville s'est fâchée avec M. de la Rochefoucault. Elle est maintenant très amie avec Aramis d'Herblay.

– Madame de Longueville change souvent d'ami, dit Roxane en souriant.

– Eh oui, ma cousine, tout le monde n'est pas aussi sage que vous. Jeudi, le petit chien de Mme d'Athis est mort. Vendredi, le roi a nommé M. d'Artagnan général.

– Ah, ce d'Artagnan ! Quelquefois, il me fait penser à Christian : aussi beau, aussi intelligent…

– Non, Christian était mieux que lui, répond Cyrano. Christian était mon ami, Christian était votre mari.

— Je ne sais pas pourquoi, dit Roxane de sa voix douce, mais ce soir, j'ai envie de vous lire la dernière lettre que m'a envoyée Christian, le matin de sa mort. Je la garde toujours avec moi. C'est la première fois que je la lis à quelqu'un.

— Si vous voulez. Vous me dites toujours que ces lettres sont très belles, mais vous ne me les avez jamais lues.

Roxane sort de son sac un bout de papier devenu jaune et déchiré. Elle lit : « Roxane, le soleil de ma vie. Tout à l'heure je vais me battre. Je vais peut-être mourir. Mais, même mort, je serai toujours avec toi. La lune… »

— Ah, dit Roxane, il fait trop noir. Je ne peux plus lire…

— « La lune est ma vieille amie. Elle prend ma main pour m'aider à écrire », continue Cyrano.

— Quoi, vous connaissez cette lettre ? demande Roxane, mais ce n'est pas possible.

— « Je ne sais pas si je dois rire ou pleurer... »

— Cyrano, c'est vous qui avez écrit cette lettre !

— « Rire, parce que je vous aime, pleurer parce que je vais mourir et ne plus vous revoir... »

— La voix que vous avez, c'est la voix que j'ai entendue sous ma fenêtre, le jour où Christian et moi nous nous sommes mariés. La voix, c'était vous ?

— Non, non !

— Les lettres, c'était vous ?

— Non, non, c'était Christian.

— Vous m'avez aimée, Cyrano, vous m'aimez encore !

— Non, ma Roxane, non, mon amour, je ne vous aime pas. C'était Christian.

— Oh, Cyrano, pourquoi vous ne me l'avez jamais dit ?

— Parce que, parce que...

Mais Cyrano ne peut pas continuer sa phrase, il tombe par terre.

— Lebret, sœur Marthe, au secours ! crie Roxane, Cyrano est malade.

Lebret et sœur Marthe arrivent en courant. Ils aident Cyrano à se relever et l'assoient sur une chaise. Mais Cyrano se met debout et dit :

— Il faut que je finisse de vous raconter ma semaine, Roxane, ma cousine, mon amour. Samedi : Cyrano de Bergerac a été assassiné par les amis de Mazarin qui lui ont jeté une pierre sur la tête.

Il enlève son chapeau. Il a un pansement plein de sang autour de la tête.

— Cyrano ! crient en même temps Roxane, Lebret et sœur Marthe.

— Laissez-moi, il faut que je me batte une dernière fois. Elle arrive enfin, celle qui a essayé de m'empêcher de venir vous voir,

Roxane, ma Roxane que j'aime, que j'ai toujours aimée. Celle qui veut maintenant que je parte. Bonsoir, Madame la Mort. Allez, viens, la mort, bats-toi. Qu'est-ce que tu as, la mort ? Tu regardes mon nez ? Il ne te plaît pas, mon nez ?

Cyrano sort alors son épée et crie :

— Viens, la mort, et vous, tous mes ennemis, venez aussi. Je te vois, toi, le mensonge, et toi la richesse, et toi la jalousie, et toi la bêtise, et toi la faim. Vous êtes tous là. Venez, venez vous battre. Ah !

Cyrano tombe une nouvelle fois par terre. Roxane se met à côté de lui et dit :

— Cyrano, ne meurs pas ! Je t'aime, je t'ai toujours aimé. Mais sans le savoir. Je t'aimais quand je lisais les lettres que tu écrivais. Je t'aime, ne pars pas.

— C'est trop tard, Roxane. Je meurs. Je ne laisse rien. La mort m'a tout pris : ma poésie, mon rire, mes amis, et même toi, Roxane. Il y a une seule chose que la mort ne peut pas me prendre.

— Quelle est cette chose ? Cyrano montre son chapeau et dit :

— Mon panache.

Puis il ferme les yeux, pour la dernière fois.

Activités

1 piste 1 → **Écrivez dans la grille le nom ou prénom des personnages décrits et découvrez celui qui se cache dans la grille.**

1. Cadet de Gascogne, poète amoureux de Roxane.
2. Cardinal, premier ministre de Louis XIII.
3. Payé par le n°7 pour tuer ses ennemis.
4. Poète aimant le vin, ami de Neuvillette.
5. Auteur de *Cyrano de Bergerac*.
6. Meilleur ami du n°1.
7. Comte, amoureux du n°8, ami de Louis XIII.
8. Membre de la famille du n°1.
9. Meilleur pâtissier de Paris.

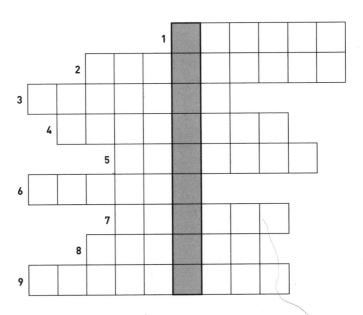

Réponse : ....

2 **Avez-vous bien compris ? Cochez la ou les réponse(s) correcte(s).**

1. Au théâtre de l'hôtel de Bourgogne, parmi les spectateurs, on trouve :
☐ **a.** des princes, des soldats et des voleurs.
☐ **b.** des soldats, des petits marquis et des bourgeois.
☐ **c.** des gentilshommes, des voleurs, des paysans.

2. Les cadets :
☐ **a.** sont des jeunes soldats courageux.
☐ **b.** sont bien payés.
☐ **c.** se soutiennent les uns les autres.

3. Le Comte de Guiche :
☐ **a.** va se battre en duel avec Cyrano.
☐ **b.** paie des assassins pour éliminer ses ennemis.
☐ **c.** est jaloux de Christian et veut le tuer.

4. Cyrano monte sur la scène du théâtre :
☐ **a.** pour déclarer son amour à Roxane.
☐ **b.** pour réciter un de ses poèmes.
☐ **c.** pour chasser Montfleury.

5. Cyrano de Bergerac se bat contre Valvert :
☐ **a.** parce que celui-ci n'est pas intelligent.
☐ **b.** parce que celui-ci trouve son nez trop grand.
☐ **c.** parce que celui-ci l'insulte.

6. Les spectateurs venus voir jouer Montfleury :
☐ **a.** ont assisté au spectacle qu'ils étaient venus voir.
☐ **b.** ont assisté à un spectacle donné par Cyrano.
☐ **c.** ont été remboursés.

3 **Avez-vous bien compris ? Répondez aux questions.**

1. Lignière, Christian, Cyrano de Bergerac sortent du théâtre. Où vont-ils ?

....

....

....

2. Pour le service de qui Valvert travaille-t-il ?

....

4 **Associez les adjectifs aux personnages.**

1. amoureux	**a.** Christian de Neuvillette
2. beau	**b.** Cyrano de Bergerac
3. courageux	**c.** Roxane
4. fidèle	**d.** Montfleury
5. généreux	**e.** Lebret
6. intelligent	
7. inquiet	
8. laid	
9. peureux	
10. timide	

5 piste 1 → **Écoutez le chapitre. Qui dit quoi ? Soulignez la réponse correcte.**

1. *Un des amis du roi est amoureux d'elle.*

Montfleury - Lignière

2. *Le théâtre m'ennuie et j'ai soif.*

Lignière - Christian de Neuvillette

3. *Gros porc.*

Lebret - Cyrano de Bergerac

4. *Voilà ce que quelqu'un d'intelligent aurait pu me dire.*

Montfleury - Cyrano de Bergerac

5. *Tu vas te retrouver en prison.*

Lebret - Lignière

6. *Je n'aime que ce qui est impossible.*

Christian de Neuvillette - Cyrano de Bergerac

6 **Transformez les questions intonatives en questions « inversion ».**

Exemple : Elle m'aime ? → *M'aime-t-elle ?*

1. Elle est mariée ? ....

2. Pourquoi tu ne veux pas qu'il récite ces vers ?

....

3. C'est qui ? ....

4. Elle t'a souri ? ....

5. Vous n'avez pas vu les hommes du comte de Guiche ?

....

6. Tu lui avoueras ton amour ?

....

7 **Diriez-vous que la liberté d'expression des artistes au XVIIe siècle est différente de celle d'aujourd'hui ?**

....

....

....

....

CHAPITRE 2

1 **Avez-vous bien compris ? Dites si c'est vrai ou faux.**

	Vrai	Faux
1. Chocolat et café sont nouveaux en France.	☐	☐
2. Maître Ragueneau rit et pleure facilement.	☐	☐
3. Les poètes se remarquent par leur élegance.	☐	☐
4. Cyrano et Roxane se connaissent depuis longtemps.	☐	☐
5. Cyrano s'est blessé en coupant un gâteau.	☐	☐
6. Cyrano n'avoue pas son amour pour Roxane parce qu'il est pauvre.	☐	☐
7. Roxane n'aime pas le compte de Guiche à cause de ses richesses.	☐	☐
8. Christian est aussi peu intelligent que beau.	☐	☐
9. Roxane invite Cyrano chez elle pour qu'il lui lise des poèmes.	☐	☐
10. Cyrano se met en colère quand Christian parle de son nez.	☐	☐
11. Christian regrette de ne pas être poète.	☐	☐
12. Tout le régiment se moque du nez de Cyrano.	☐	☐

2 🔘 piste 2 → **Écoutez le début du chapitre jusqu'à :** *son mari ne regarde pas.* **Cochez les phrases si vous les entendez.**

- ☐ **1.** On sent une bonne odeur de pain.
- ☐ **2.** On y vient seulement pour acheter quelque chose.
- ☐ **3.** Maître Ragueneau a installé dans sa pâtisserie un petit restaurant.
- ☐ **4.** Cette nouvelle boisson à la mode qui vient d'Amérique.
- ☐ **5.** Maître Ragueneau voudrait être le pâtissier le plus riche de Paris.
- ☐ **6.** C'est ce que dit sa femme, la belle Madame Ragueneau.
- ☐ **7.** Quand on lui dit de belles choses, il pleure.
- ☐ **8.** C'est bien connu, les poètes sont pauvres.
- ☐ **9.** Dès dix heures du matin, on voit arriver dans la pâtisserie des dizaines de jeunes gens.
- ☐ **10.** Ils se taisent quand ils ont la bouche pleine de gâteau.
- ☐ **11.** Elle préfère les beaux soldats avec des belles moustaches.
- ☐ **12.** En cachette, elle leur donne aussi des gâteaux.

3 **Avez-vous bien compris le chapitre ? Répondez aux questions.**

1. En quoi Maître Ragueneau et sa femme sont-ils différents ?

....

2. Comment Cyrano de Bergerac défend-il l'honneur de Maître Ragueneau ?

....

3. Que fait Maître Ragueneau pour montrer qu'il aime les poètes ?

....

4. Comment Cyrano s'est-il blessé ?

....

5. Pourquoi Christian est-il triste quand Cyrano lui dit que Roxane l'aime ?

....

6. Pourquoi Cyrano gifle-t-il un des cadets ?

....

4 Associez les expressions imagées contenant le mot « nez » avec leur signification.

1. avoir du nez
2. se trouver nez à nez
3. mener par le bout du nez
4. ne pas voir plus loin que le bout de son nez
5. se voir comme le nez au milieu du visage
6. avoir le nez qui remue
7. fermer la porte au nez
8. avoir un coup dans le nez

a. faire ce qu'on veut de quelqu'un
b. être perspicace
c. mentir
d. renvoyer une personne avec brusquerie
e. rencontrer quelqu'un à l'improviste
f. être un peu ivre
g. être évident
h. manquer de prévoyance

5 Classez les mots de la liste ci-dessous selon qu'ils appartiennent au vocabulaire de la cuisine ou au vocabulaire de la poésie.

amour - belles femmes - écrivains - étoiles - gâteau - giroflée - goûter - jambon - larme - lune - lyre - mer - mourir - nuage - odeur - poulet - rêver - rôtir - sucre - viande

Cuisine	Poésie
....	....
....	....
....	....
....	....
....	....
....	....
....	....
....	....
....	....
....	....
....	....

6 Transformez le texte au passé (imparfait ou passé composé).

Nous sommes des enfants. Je suis pauvre. Son père possède des biens considérables. Je la trouve très belle. Elle dit que je suis intelligent. Un jour, nous nous rendons compte que nous sommes des adultes. Rien n'est plus pareil. Moi qui suis un homme, je dois partir à la guerre. Elle reste avec sa famille. Nous nous écrivons quotidiennement. Et un jour, elle m'annonce son mariage avec un homme riche. Je m'effondre de chagrin, mais je prends la décision de la laisser à son bonheur.

....

....

....

....

....

....

....

....

....

7 « Souffre et meurs sans parler », se dit Cyrano. Essayez d'imaginer la suite : que va faire Cyrano de Bergerac ? Va-t-il vraiment devenir l'ami, le frère de Christian ? Va-t-il trahir cet ami et tout raconter à Roxane ? Va-t-il disparaître ? Va-t-il les aider ?

....

....

....

....

....

....

....

1 piste 3 → **Écoutez le chapitre. Que s'est-il passé cette nuit-là ? Complétez le résumé avec les mots proposés. Conjuguez les verbes si nécessaire.**

besoin - empêcher - guerre - imiter - juste - mourir - prêtre - rendez-vous - baiser - se battre - se cacher - bêtises - se taire - se venger.

Cyrano et Christian font une promenade dans Paris. La nuit de printemps est magnifique. Christian remercie Cyrano de l'avoir aidé à obtenir un .... avec Roxane : le jeune amoureux n'a plus .... de son ami maintenant. Mais Cyrano craint que Christian ne dise des .... ; aussi lui demande-t-il de .... ; il va .... dans l'ombre et .... la voix de Christian. Roxane écoute avec bonheur la déclaration d'amour de Christian et accepte qu'il vienne jusqu'à elle pour lui donner un .... Le .... arrive et marie les jeunes gens .... avant l'arrivée du comte de Guiche et ses hommes. Le comte n'a pas pu .... le mariage, alors pour .... , il annonce aux deux jeunes gens qu'ils doivent partir à la ....,
.... et .... pour le roi de France.

2 **Avez-vous bien compris le chapitre ? Répondez aux questions.**

1. Comment Christian prévient-il Roxane qu'il est sous sa fenêtre ?

....

2. Que faut-il pour que Roxane se laisse convaincre d'embrasser Christian ?

....
....

3. Il s'en faut de peu que Cyrano ne fasse une bêtise : laquelle et pourquoi ?

....
....

4. Qu'est-ce qui décide Christian à monter sur le balcon ?

....

....

5. Quels sont les deux moyens que Cyrano utilise pour empêcher le comte de Guiche d'entrer chez Roxane ?

....

....

3 Chaque personnage bouge beaucoup pendant cette nuit de mariage. Dix de ces mouvements sont cachés dans la grille : retrouvez-les (5 mots horizontalement et 5 mots verticalement).

approche - arrête - arrive - entre - marche - monte - part - saute - tombe - vient

S	A	U	T	E	V	P
X	P	A	R	T	I	A
U	P	E	E	A	P	R
A	R	R	I	V	E	R
M	O	N	T	E	N	E
A	C	Y	O	O	T	T
R	H	T	M	M	R	E
C	E	V	B	T	E	V
H	V	I	E	N	T	E
E	W	A	B	U	N	A

4 **Complétez les phrases avec l'expression correcte (conjuguez les verbes au besoin).**

à la belle étoile - décrocher la lune - être dans la lune -
être né sous une bonne étoile - lire dans les étoiles –
promettre la lune

1. Des rêves, d'accord, mais la nuit. Tout le monde peut rêver mais personne ne peut ....

2. Quelle nuit magnifique, c'est dommage de rentrer à l'hôtel, pourquoi ne pas dormir .... ?

3. Eh, concentre-toi, fais attention, tu .... aujourd'hui !

4. Je ne sais pas du tout ce qui va se passer, je ne ....

5. Je ferai tout ce que je pourrai mais je ne te ....

6. Ils ont une chance inouïe, ils ....

5 **Les cinq moyens d'aller sur la lune. Relisez le texte et associez les éléments.**

1. prendre la place
d'un boulet de canon

2. à raconter ultérieurement

3. s'envoler à dos d'oiseaux

4. se laisser emporter
par la marée

5. partir avec la rosée

a. le moyen le plus difficile

b. le moyen préféré de Cyrano

c. le moyen le plus simple et le
plus dangereux

d. le moyen qui vient tout de
suite à l'esprit

e. le moyen encore inconnu

6 **Choisissez la préposition correcte. Complétez avec à (qu'à) ou de.**

1. Cyrano se met ...... prononcer de magnifiques paroles sur l'amour.

2. Christian a du mal ...... déclarer ses sentiments à Roxane.

3. Le comte de Guiche arrive trop tard pour empêcher Christian et Roxane ...... se marier.

4. Une épée sert ...... se battre en duel.

5. Une fois que le prêtre est arrivé, les amoureux n'ont plus .... dire oui.

6. Cyrano était sur le point ...... partir quand le comte de Guiche est arrivé.

7. Roxane commence .... écouter quand Christian accepte .... laisser parler Cyrano.

7 Comment expliquez-vous que Cyrano remercie le comte de Guiche de l'envoyer à la guerre ?

....

....

....

....

....

....

CHAPITRE 4

1 🔘 piste 4 → **Avez-vous bien compris ? Écoutez le chapitre. Remettez l'histoire dans l'ordre.**

a. Une voiture entre dans le camp français. → ......
b. Roxane et Cyrano parlent de Christian. → ......
c. Ragueneau distribue de la nourriture. → ......
d. Deux soldats entendent un coup de fusil. → ......
e. Cyrano saute par dessus le mur. → ......
f. Christian joue de la musique de Gascogne. → ......
g. Des soldats blessés et tristes sortent de la tente. → ......
h. Le comte de Guiche boit avec les soldats. → ......
i. Roxane se met à pleurer. → ......
j. Cyrano comprend que Roxane l'aime un peu. → ......

2 🔘 piste 4 → **Avez-vous bien compris ? Écoutez le chapitre. Associez.**

1. Tous les jours à 5 heures du matin
2. Tous les jours
3. Quand le soir tombe
4. Toutes les nuits
5. À midi, tous les jours

a. On ramasse les corps des morts.
b. Les Français attaquent Arras.
c. Cyrano traverse l'armée ennemie.
d. Roxane lit une lettre de Christian.
e. Cyrano écrit.

3 **Avez-vous bien compris le chapitre ? Répondez aux questions.**

1. Comment Roxane a-t-elle réussi à passer les lignes ennemies ?

....

2. Pourquoi Ragueneau a-t-il fermé sa pâtisserie ?

....

3. Que dit le comte de Guiche pour que les cadets ne le détestent plus ?

....

4. Qu'est-ce qui empêche Cyrano de dire à Roxane qu'il l'aime ?

....

4 **Associez les verbes et les noms.**

1. tirer		**a.** la bataille
2. attaquer		**b.** la blessure
3. mourir		**c.** la mort
4. se battre		**d.** le tir
5. affamer		**e.** l'attaque
6. blesser		**f.** la faim

5 **Choisissez la réponse correcte.**

1. La France est en guerre .... cinq ans. *(depuis – en)*

2. Les cadets n'ont rien mangé .... longtemps. *(après – depuis)*

3. Ils seront courageux .... qu'ils devront se battre. *(depuis – dès)*

4. Les larmes sont oubliées .... une seconde. *(en – dès)*

5. Christian et Roxane ont discuté .... que les cadets mangeaient. *(pendant – depuis)*

6. .... je reviendrai, je te dirai quelque chose d'important. *(Quand – Pendant que)*

7. Cyrano composait des poèmes .... que Christian dormait. *(alors – après)*

6 **Si vous étiez à la place de Cyrano, que feriez-vous ?**

....

....

....

CHAPITRE 5

1 🔘 piste 5 → **Avez-vous bien compris ? Répondez aux questions.**

	Vrai	Faux
1. Les Espagnols ont perdu la guerre contre les Français.	☐	☐
2. Le comte de Guiche rend visite à Roxane tous les jours.	☐	☐
3. Le comte de Guiche demande Roxane en mariage.	☐	☐
4. Cyrano est devenu ministre.	☐	☐
5. Sœur Marthe a du respect pour Cyrano.	☐	☐
6. Cyrano arrive en courant.	☐	☐
7. Lebret est un homme généreux.	☐	☐
8. La France est encore en guerre.	☐	☐
9. Un morceau de bois a blessé Cyrano à la tête.	☐	☐
10. Roxane avoue son amour pour Cyrano avant que celui-ci ne meure.	☐	☐

2 🔘 piste 5 → **Écoutez le début du chapitre. Numérotez les mots suivant l'ordre dans lequel vous les entendez.**

a. 12 ans : ....   **f.** France : ....

b. Mazarin : ....   **g.** 1655 : ....

c. Espagnols : ....   **h.** Louis XIV : ....

d. Français : ....   **i.** Richelieu : ....

e. 17 ans : ....   **j.** Louis XIII : ....

3 **Avez-vous bien compris le chapitre ? Répondez aux questions.**

1. En quoi le comte de Guiche a-t-il changé ?

....

2. Pourquoi Cyrano refuse-t-il l'aide du comte de Guiche ?

....

3. Comment Cyrano révèle-t-il ses sentiments à Roxane ?

....

4. Quelle est la cause de la mort de Cyrano ? Est-elle accidentelle ?

....

4 Mettez les lettres dans l'ordre pour trouver les noms des personnes ou des choses que Cyrano n'aime pas. Trouvez le mot caché dans la grille.

1. Croyance en un ou plusieurs dieux. (ENRILOIG)
2. Chose fausse dite pour tromper une autre personne. (NMNOEGSE)
3. Cardinal, ministre de Louis XIV. (ZAAINMR)
4. Manque d'intelligence. (TBEIES)
5. Besoin de manger. (MAFI)
6. Contraire de pauvreté. (CEHISSER)
7. Envie de choses que d'autres personnes ont. (OEJISULA)

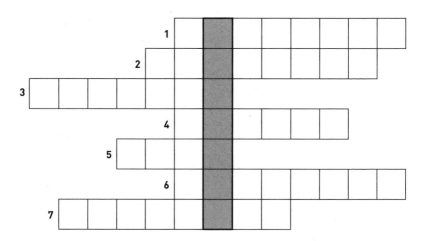

Pour Cyrano, ce sont tous des ....

5 Complétez avec *-eur, -tude* ou *-té*.

1. Cette roug......... dûe à votre timidi......... met en val......... votre beau........., Madame.

2. Ce n'est pas de l'inquié......... que je ressens, mais j'ai peur de perdre ma liber......... .

3. Roxane ne souffre pas de soli......... au couvent, elle vit dans la douc......... de la compagnie des religieuses.

4. Christian m'aimait, c'est une certi......... et vous m'aimez, Cyrano, voilà la véri......... .

6 Mettez les mots dans l'ordre pour reconstituer ces phrases négatives.

1. argent / avait / d' / Il / pas / n'

....

2. rien / Vous / plus / dites / ne

....

3. vous / Je / plus / vais / ne / revoir

....

4. l' / dit / Vous / me / avez / ne / jamais

....

5. pourra / homme / remplacer / ne / Aucun / le

....

7 Faites des phrases avec les éléments donnés.

1. Le roi voudrait que *(Roxane – venir le voir)*

....

2. Cyrano, il faut que *(tu – faire attention)*

....

3. L'éditeur veut que *(le poète – écrire vite)*

....

4. Il faut que *(je – me battre une dernière fois)*

....

5. J'attendais que *(mon éditeur – me payer)*

....

6. Cyrano aimerait que *(la jeune femme – le prendre dans ses bras)*

....

8 Qui est le personnage important que Cyrano rencontre en chemin ? Justifiez votre réponse.

....

....

....

Cyrano de Bergerac est une pièce de théâtre écrite par Edmond Rostand et jouée pour la première fois à Paris, au théâtre de la porte Saint-Martin, en 1897. C'est un triomphe immédiat. La pièce a les caractéristiques d'une œuvre classique : elle comporte cinq actes et elle est écrite en vers (alexandrins : vers français de 12 syllabes). Par contre, elle ne respecte pas la règle des trois unités (une seule action, un seul lieu, une seule journée).

1 **Écrivez le nom du chapitre qui correspond à chaque image et le nom des personnages présents dans ce chapitre.**

Liste des personnages : acteurs – Christian de Neuvillette – Comte de Guiche – Cyrano de Bergerac – jeune vendeuse de fruits – Lebret – Lignière – Montfleury – prêtre – Ragueneau – religieuses – Roxane – soldats – spectateurs – Valvert.

Chapitre ....

....

....

....

....

....

....

....

Chapitre ....

....

....

....

....

....

....

....

Chapitre ....

....
....
....
....
....
....
....
....

Chapitre ....

....
....
....
....
....
....
....
....

Chapitre ....

....
....
....
....
....
....
....
....

Cyrano de Bergerac est le plus célèbre de tous les Français de par le monde avec Napoléon, De Gaulle, Molière et Louis XIV. Le héros de la pièce d'Edmond Rostand a une personnalité singulière, paradoxale : il est laid physiquement, mais d'une intelligence redoutable, il se moque des autres, mais refuse d'être critiqué, il veut que l'on parle de son grand nez, mais il est prêt à se battre à l'épée contre quiconque rit de ce défaut, il est drôle, mais il sait prendre des décisions graves, il est jaloux, mais il favorise les amours entre celle qu'il aime et son rival, etc.

1 Citez des passages du livre se référant à ces contradictions.

....

....

....

....

....

....

....

....

....

....

....

Edmond Rostand a écrit *Cyrano de Bergerac* à la fin du XIXe siècle. L'intrigue de la pièce se situe au XVIIe siècle (entre 1640 et 1655) pendant l'Ancien Régime qui s'est achevé à la Révolution française.

Voici quelques éléments importants de la vie en France au XVIIe siècle :

Louis XIII et le cardinal de Richelieu, le cardinal Mazarin, Louis XIV et la monarchie absolue, la Fronde, l'organisation de la société (noblesse, clergé et tiers-État), les guerres, la vie artistique...

2 Faites des recherches sur ces différents éléments et retrouvez dans la pièce *Cyrano de Bergerac* des passages qui y font allusion.

....

....

....

....

3 Établissez un parallèle entre la vie en France à l'époque de Cyrano de Bergerac et la vie dans votre pays à la même époque.

....

....

....

....

4 Edmond Rostand s'est inspiré de la vie d'un homme réel, Cyrano de Bergerac, pour créer le héros de sa pièce. Faites des recherches sur cet homme. Qu'a-t-il de commun avec le personnage de la pièce ?

....

....

....

....

....

....

....

....

Cyrano de Bergerac fait vivre des personnages qui, dans leurs relations, leurs aspirations, leurs idéaux, leur langage, symbolisent la société précieuse qui se développe dans les « salons » du XVIIe siècle. D'abord aristocratiques, ces salons s'ouvrent peu à peu à des écrivains bourgeois. La volonté d'élégance dans la conversation, la recherche de pureté du vocabulaire qui refuse les jargons, les archaïsmes, le langage populaire et les néologismes, l'usage de périphrases remplaçant des noms d'objets dits trop ordinaires, conduisent à des abus dont se moquera Molière dans *Les Précieuses ridicules*. Edmond Rostand, en faisant parler ses personnages en vers, fait écho à cette période précieuse.

1 Associez les mots qui riment (noms, verbes, adjectifs...).

1. nez	**a.** mariage	**I.** tire	**A.** cache
2. couvent	**b.** mourir	**II.** décor	**B.** pâtissier
3. passage	**c.** tuer	**III.** victoire	**C.** mort
4. fois	**d.** jour	**IV.** guerre	**D.** bourgeois
5. hier	**e.** porc	**V.** malheur	**E.** gens
6. voleur	**f.** banc	**VI.** joie	**F.** asseoir
7. amour	**g.** moustache	**VII.** épée	**G.** arrête
8. rire	**h.** peur	**VIII.** fâche	**H.** heure
9. noir	**i.** poète	**IX.** sage	**I.** secours
10. panache	**j.** mer	**X.** lourd	**J.** taire
11. corps	**k.** mouchoir	**XI.** sang	**K.** plaisir
12. secrète	**l.** froid	**XII.** parfaite	**L.** courage

1			9		
2			10		
3			11		
4			12		

2 Faites des recherches sur le théâtre français au XVIIe siècle.

....

....

....

....

....

Une autre caractéristique du genre théâtral classique est la tirade, longue suite de phrases dites par un seul personnage (souvent, le personnage principal). Dans *Cyrano de Bergerac*, dans la fameuse tirade du nez, Cyrano énumère vingt façons (descriptive, curieuse, admirative, campagnarde, etc.) de se moquer de son nez, il met ainsi en évidence le manque d'instruction du comte de Guiche et de Valvert. Qui ne connaît pas, dans le style descriptif, ces mots : « *C'est un roc ! ... c'est un pic ! ... c'est un cap ! Que dis-je, c'est un cap ? ... C'est une péninsule !* ».

3 La tirade du nez. Associez les phrases du texte de « Lire en français facile » aux vers de la pièce d'Edmond Rostand.

Phrases du texte de « Lire en français facile »	Vers de la pièce d'Edmond Rostand
1. C'est gentil d'offrir une branche aux pattes des oiseaux.	**a.** « Moi monsieur, si j'avais un tel nez... » « Mais il doit tremper dans votre tasse ! »
2. Moi, monsieur, si j'avais un tel nez, je craindrais qu'il trempe dans ma tasse !	**b.** « Aimez-vous à ce point les oiseaux, que paternellement vous vous préoccupâtes de tendre ce perchoir à leurs petites pattes ? »
3. Peut-on y poser son chapeau ?	**c.** « Quoi, l'ami, ce croc est à la mode ? Pour pendre son chapeau, c'est vraiment très commode ! »
4. Voilà ce que quelqu'un d'intelligent aurait pu me dire.	**d.** « Voilà ce qu'à peu près mon cher, vous m'auriez dit si vous aviez un peu de lettres et d'esprit. »

Une autre particularité encore de *Cyrano de Bergerac* est le théâtre dans le théâtre, une « mise en abyme », effet de miroir. Le résultat est frappant : le spectateur qui vient assister à une représentation voit le rideau se lever sur... d'autres spectateurs attendant le début d'une autre pièce ! Et coup de génie de Rostand : ces autres spectateurs, qui attendent avec impatience Montfleury, vont donner un autre spectacle, celui de Cyrano qui critique un système par l'intermédiaire des acteurs de la pièce dont il est lui-même spectateur.

4 **Retrouvez dix mots de l'univers du théâtre.**

S	P	E	C	T	A	T	E	U	R
E	U	P	I	E	C	E	M	U	O
C	B	A	C	Y	E	O	A	V	C
C	L	L	O	G	E	X	R	E	E
U	I	S	C	E	N	E	D	R	D
S	C	O	M	E	D	I	E	S	A

5 **Présentez la pièce qui, à votre avis, est la plus populaire dans votre pays. Qu'est-ce qui fait son succès ?**

....

....

6 **Quels sont les traits de caractère que vous aimeriez emprunter à Cyrano de Bergerac ?**

Pour vous aider, voici quelques idées :

Qualités : *avoir la capacité de s'exprimer en vers, l'égaler par la bravoure et le panache ;*

Défauts : *orgueil, susceptibilité, jalousie, impatience.*

....

....